AF542123

LAMARTINE CHEZ LUI

LAMARTINE CHEZ LUI

(SOUVENIRS INTIMES)

> Le génie est une flamme tombée du ciel et qui trouve rarement là une tête toute prête pour la recevoir.

PARIS

LIBRAIRIE DU PETIT JOURNAL

21, *Boulevard Montmartre*

1869

LAMARTINE CHEZ LUI

(SOUVENIRS INTIMES)

> Le génie est une flamme tombée du ciel, et qui trouve rarement là une tête toute prête pour la recevoir.

Le 20 mars 1680, une semaine après la mort de l'auteur des *Maximes*, Mme de Sévigné écrivait à sa fille Mme de Grignan :

« Nous sommes aujourd'hui mercredi, et M. de la « Rochefoucauld est toujours mort... »

L'illustre marquise voulait signifier par ce mot *toujours* que, dans ce monde frivole où tout s'oublie du jour au lendemain, M. de la Rochefoucauld occupait encore — après huit jours — un coin du souvenir de ceux qui l'avaient aimé.

Il y a, en effet, des morts qui ne meurent pas, dont le départ de ce monde complète l'auréole, et qui prennent désormais, dans la postérité commençant pour eux, une place plus grande, plus complète que celle qu'ils occupaient, alors qu'il nous était donné de les contempler face à face.

La chair et les os leur faisaient du tort.

— Quoi! disait-on, il n'est pas fait autrement que nous!

Et l'admiration s'en atténuait.

Une fois là-haut, les imaginations ardentes entremêlent volontiers le défunt aux archanges; elles lui supposent des ailes, un nimbe d'or, une lyre, une tunique bleu de ciel... et le *culte* commence.

Lamartine est déjà de ceux-là.

On veut tout savoir de lui ; les plus minces détails prennent des proportions légendaires. Comme le caillou du poète Saadi, qui n'était pas la rose, mais qui avait vécu près d'elle, tout ce qu'il a porté, aimé, touché, tourne à la relique, et c'est à qui pourra en enchâsser quelqu'une.

— Il m'a écrit, dit un privilégié, plus fier de son bout de papier jauni que s'il arrivait de Colchide, nanti de la Toison d'or; j'ai une lettre de lui...

— Bah! vraiment! il se peut! Oh! montrez-la moi, je vous en supplie!

Et, tout caillou que vous êtes, on vous regarde avec une certaine envie, mêlée de respect.

Le mardi, le surlendemain de la mort du poète, dès le matin, un petit homme noir, barbu, remuant, s'installait sans façon au chalet du bois de Boulogne. Il interrogeait tous ceux qui venaient accomplir le triste pèlerinage. Il allait d'une chambre à l'autre, d'un buste à un tableau, des pantoufles à la robe de chambre; il touchait à tout et soulevait tout.

Quel était cet homme sombre? un commissaire-priseur? un marchand de bric-à-brac? un huissier?... Les domestiques, voyant qu'il troublait dans leur douloureux recueillement les nièces du poète, avaient la plus légitime envie de le prendre par les épaules et d l'envoyer verbaliser au dehors... Vers la fin de la journée, comme il demandait à la cuisinière à quoi était le dernier potage qu'avait mangé le défunt, on sut que c'était un simple *reporter* aux gages d'un journal.

Avide curiosité, ce sont là de tes coups! On veut satisfaire le lecteur, coûte que coûte, et on oublie jusqu'aux plus simples notions de la délicatesse et du savoir-vivre.

Dieu merci! pour savoir ce que nous savons, nous n'avons insulté à aucune douleur, nous ne sommes entrés avec effraction dans aucune conscience... Cette brochure est la simple reproduction de notes recueillies, au jour le jour, dans l'intimité; c'est la nature prise sur le fait; c'est l'homme sous le poète; ce sont les miettes tombées de ce grand cœur, à mesure qu'une main timide frappait à sa porte et qu'une affliction s'adressait à lui... C'est son humeur égale, sa philanthropie universelle, sa douceur pour tous, son oubli de soi-même, sa bourse toute ouverte et vidée aussitôt que remplie, comme le tonneau des cinquante filles d'un roi d'Argos dont je ne veux pas me rappeler le nom.

Le poète, l'orateur, l'historien, le diplomate, le député, le ministre, les gros livres de l'avenir et les biographies didactiques ne leur manqueront pas.

Mais l'homme, le naturel qui revient au galop, ce qui bat sous la mamelle gauche, la petite bête, comme on dit!...

Que Lamartine est né place de l'Église-Nouvelle, à Mâcon, le 21 octobre 1790, — qu'il étudia à Belley, puis à Lyon, — qu'il voyagea en Italie, — qu'il a aimé, à Naples, la fille d'un pêcheur...

Sur la plage sonore où la mer de Sorrente
Déroule ses flots bleus au pied de l'oranger,
Il est, près du sentier, sous la haie odorante,
Une petite pierre, étroite, indifférente
    Aux pieds distraits de l'étranger;

La giroflée y cache un seul nom sous ses gerbes,
Un nom que nul écho n'a jamais répété !...
Quelquefois cependant le passant arrêté,
Lisant l'âge et la date en écartant les herbes,
Et sentant dans ses yeux quelques larmes courir,
Dit : « Elle avait seize ans ! c'est bien tôt pour mourir !...»

Qu'il a été garde-du-corps de Louis XVIII, — secrétaire d'ambassade à Naples et à Londres, — chargé d'affaires à Florence et à Parme, — député, — académicien, — membre du gouvernement provisoire en 1848, — élu à la Constituante par dix départements, et plusieurs fois ministre... Qui est-ce qui ne sait pas cela?

Qu'il eut toutes les peines du monde à trouver un éditeur pour ses *Premières Méditations* (1820); —que ces messieurs du catalogue et de la gloire toute faite voulaient qu'il commençât par les *Secondes*, ce qui était difficile, et que le libraire Nicole ne se décida que par grâce à faire sa propre fortune, en tirant à quarante-cinq mille exemplaires les chefs-d'œuvre qui s'appellent le *Lac*, la *Prière*, le *Soir*, le *Chrétien mourant* ; — qu'il a successivement écrit les *Harmonies*, le *Voyage en Orient*, *Jocelyn*, la *Chute d'un Ange*, les *Girondins*, les *Confidences*, *Graziella*, *Geneviève*, l'*Histoire de la Restauration*... Qui l'ignore ?

Aussi, n'est-ce rien de tout cela que nous voulons vous apprendre.

Notre ambition se borne à entrer chez Lamartine à toute heure et quand bon nous semble.

Commençons par Saint-Point, sa *masure préférée*, comme il l'appelait lui-même.

Vous croyez à un château, à une vaste et splendide demeure, où, sur le perron, des rangées de chaussons préservateurs attendent le touriste... Ah ! bien oui ! Sabot ou botte vernie, le poète s'en occupait peu.

L'aspect général du paysage m'a paru sombre ; il est vrai que je l'ai vu par la neige et *par la mort*, ce qui ne l'égayait pas ; — des vignes et des landes, — un coin de village au flanc d'un coteau. Sur le bord de la route, deux petits pavillons en mauvais état reliés par une barrière de bois ; — de là à l'habitation, une simple allée qui fut peut-être une avenue ; au bout, vous soulevez le loquet d'une autre barrière, et le *château* est là... Un corps de logis peu vaste, à un étage, et deux ailes en retour : du Louis XIII, à ce que je crois. Mais le parc est splendide, profond, touffu, séculaire : des eaux qui courent et des arbres qui tombent de vieillesse.

La chapelle est un peu plus bas que la maison : puis, sur le penchant de la colline, le cimetière, dominé par la sépulture de famille et d'où le regard embrasse l'amphithéâtre des montagnes couvertes de vignes; — derrière le parc, plus haut, plus haut encore, des bois et toujours des bois.

Le perron a dû être superbe, mais le temps — *edax rerum* — lui a fait une guerre acharnée.

Vous entrez.

Ici, pas de laquais qui baguenaudent dans un vestibule, mais une galerie, une sorte de salon d'été, où Lamartine se tenait volontiers, il y a quelques années. Dans ces derniers temps, on n'y était plus guère reçu que par son buste qui vous souriait dès l'entrée.

Un buste par Brian, si j'ai bonne mémoire.

Le salon de famille est au rez-de-chaussée, dans le pavillon de gauche; on y voit une grande cheminée dont le chambranle est en porcelaine peinte par Mme de Lamartine... C'est là que, assis dans un large fauteuil, le dos tourné au jour, son grand chapeau gris sur le coffre à bois, absorbé, rêveur, silencieux, il a passé presque toute l'année 1868. En face de lui se tenait Mme Valentine de Cessiat, sa nièce, attentive au moindre signe, et veillant sans cesse sur ce grand débris.

*
* *

Montons l'escalier de bois qui conduit à la petite tour où le poète travaillait... Nous disons *travailler*, parce que c'est le terme reçu; mais, ainsi qu'il l'a dit lui-même, il *chantait comme les autres respirent*.

Le bureau est une vieille table en chêne; — des plumes d'oie, de l'encre, du papier; presque pas de livres; çà et là, sur une chaise ou par terre, un volume broché et dépareillé; — pas de bibliothèque.

Tous les ans, après avoir pourvu aux échéances et aux tracas, parti de Paris à grand'peine, allégé un instant de son lourd boulet, Lamartine passait l'automne à Saint-Point... Quand il arrivait, quand il dépassait la première barrière, quand il apercevait les frises en grisaille de son cher refuge, il lui semblait que les portes du monde se refermaient sur lui et que Dieu l'introduisait dans un coin de l'Éden.

Levé avant le jour, ce somptueux sybarite, qui visita autrefois l'Orient comme un fils de roi, allumait lui-même sa lampe et son feu... Il aimait cette heure tranquille et propice, où personne ne lui disputait la possession de soi-même; il était alors comme seul au monde, et l'immensité était à lui.

C'est de ce travail, sur les confins de la nuit et de l'aube, que sont nés les *Méditations*, les *Harmonies*, *Jocelyn*...

Mais voilà que, à six heures, la cloche du village sonnait l'*Angélus*... le coq jetait son cri matinal; les pigeons passaient le bec au guichet de leur colombier et s'envolaient à grand bruissement d'ailes. Du fond de l'étable, le bœuf ouvrait son grand œil rêveur, placide, étonné, et mugissait sourdement; puis, un à un, tout le monde s'éveillait dans la ruche... Des flocons de fumée s'élevaient des toits... On s'appelait, on se répondait; les sabots des paysans commençaient à jouer des castagnettes sur le chemin rocailleux...

Alors Aurèle, le valet de chambre, un enfant de

Saint-Point, apportait une tasse de chocolat, toute mignonne comme un dé à coudre.

Est-ce que rien que ce nom d'Aurèle ne vous donne pas à penser? Avez-vous jamais eu un valet de chambre ou un domestique quelconque qui s'appelât ainsi? le nom d'un roi, d'un sage et d'un philosophe, rien que cela! Que sera donc le maître? Fletcher indique bien lord Byron; Léporello indique bien don Juan; Figaro et Almaviva ne vont pas mal ensemble; on devine le salon rien qu'à l'antichambre, et les tours de Léandre rien qu'aux fourberies de Scapin; mais Aurèle!.. dès le seuil, on est tenté de se découvrir et de saluer.

La messe dite, Lamartine ne s'appartenait plus; c'était une véritable procession sur le petit escalier de la tour.

Le curé venait demander du pain pour ses pauvres, des remèdes pour ses malades ou des livres pour son école.

Le maire marche sur les talons du pasteur; il y a une ordonnance qui le chiffonne, une loi dont l'interprétation l'embarrasse, et il vient tout bonnement s'adresser au législateur qu'il a sous la main.

Après, viennent les voisins, les vignerons, les fermiers... tous demandent un conseil, ou du blé, ou quelque secours en argent, ou la réduction d'un fermage, et tous s'en vont satisfaits... Il y aurait de quoi lever tout un régiment de Bourguignons, rien qu'avec les gars que M. de Lamartine a rachetés de la conscription.

Puis le second, ou, pour mieux dire, l'unique déjeuner, — du pain de seigle, du poisson, des légumes, surtout des primeurs, asperges ou petits pois, presque jamais de viande, et un seul verre de bière... C'était bien la peine d'avoir tant de vignes !

Ce frugal repas achevé, il montait à cheval, et, suivi de ses grands lévriers, s'en allait par les sentiers escarpés ou profonds, frapper à la porte de plus d'une chaumière. Les enfants n'en étaient pas réduits à dire ou à chanter : « Quoi ! vous l'avez vu, grand'mère? » ils le voyaient eux-mêmes ; ils sautaient sur ses genoux ; ils jouaient avec ses chiens, ils promenaient son cheval. Chez certains vignerons, il avait *son* fauteuil ou *sa* chaise, et personne ne se serait permis de s'y asseoir.

C'est pendant ces longues promenades solitaires, qu'il s'abandonnait à ce qu'il appelait « ses chants intérieurs. »

Le Tasse était un jour sur une montagne, et comme on lui demandait ce que c'était que la poésie :

— La voilà ! répondit l'auteur de la *Jérusalem délivrée*...

Et, du geste, il indiquait le ciel, les nuages, la vallée, le fleuve, la forêt, le soleil, la verdure.

Si on avait adressé une semblable question à Lamartine, il aurait bien certainement répondu de même.

Les dernières heures de la journée étaient consacrées à la famille, aux visiteurs, à l'hospitalité, aux amis...

N'oublions pas, dans le parc de Saint-Point, un petit pavillon octogone, couvert de chaume, où Lamartine a écrit les *Girondins*... Edmond Texier raconte qu'un matin Dumas fils arrive au château, avec un compagnon de voyage. Il était huit heures à peine ; en entrant dans le pavillon où le poète était occupé à écrire, les deux amis voient des feuillets manuscrits épars sur le parquet; ils les ramassent et les rangent par numéros d'ordre; il y en avait quarante-quatre... c'était la besogne faite depuis le matin.

Lamartine ne se relisait jamais; souvent même il oubliait de chiffrer les pages. Il allait, il allait toujours, laissant s'envoler chaque feuille où elle voulait aller, à mesure qu'elle était remplie... D'heure en heure, Mme de Lamartine arrivait discrètement; elle classait le travail, le revoyait, le corrigeait même dans ses imperfections de détail, et cela, toujours avec le goût le plus sûr, le tact le plus admirable.

Nous avons dit que Mme de Lamartine peignait sur porcelaine; elle sculptait aussi : voir, à Saint-Germain-l'Auxerrois, trois petits anges, les bras levés et supportant un bénitier.

***

L'histoire dit tout simplement que Lamartine est né à Mâcon, que son grand-père avait eu l'intendance générale des biens de la famille d'Orléans, et que son père était capitaine dans un régiment de chevau-légers.

La tradition est plus prolixe : elle fait sa famille originaire d'une sorte de colonie arabe fixée, de temps immémorial, dans un grand village du Mâconnais. On s'y était longtemps marié entre soi, sans aucun mélange de sang gaulois... La taille mince et haute, l'œil noir, le nez un peu de l'aigle, les traits purs, le front noble, la main maigre et longue; je ne sais quel mélange de dignité, de douceur, de chevalerie et d'orgueil, tel était le type de cette race... On ne peut nier que Lamartine la rappelait de tout point.

Vers la fin de l'automne de 1817, de passage à Moulins, un jour de marché, il fut accosté, sur la place de l'Allier, par une bohémienne qui voulut absolument lui prédire l'avenir.

Le poète riait et s'y refusait.

— Il le faut! dit la vieille; Sarrasin et Gitana se donnent la main.

Lamartine obéit.

— Tu as là trois lignes, continua la devineresse, qui annoncent que tu seras, trois fois dans ta vie, le plus malheureux des hommes.

— Je l'ai déjà été davantage, répondit le jeune homme.

Il avait alors vingt-sept ans.

— Oui, des malheurs vulgaires qui passent, qui s'oublient... Mais je parle de catastrophes qui s'incrustent et ne s'effacent plus.

— Soit, j'attendrai, dit le poète en riant toujours.

— Par contre, poursuivit la bohémienne, tu as trois étoiles au ciel, trois âmes de bienheureuses qui veillent sur toi et te réservent trois grandes destinées.

— Oh! alors, tout va bien.

— Seront-ce trois royaumes qui t'appartiendront, trois couronnes que tu ceindras, ou trois facultés divines dont tu seras doué, je n'en sais rien...

— Ni moi non plus, ma brave femme; et combien tout cela? ajouta le poète en tirant sa bourse.

— Rien, reprit la Gitana : je ne vends que les mensonges; la vérité, je la donne.

Lamartine plaisantait souvent au sujet de cette prophétie qu'il taxait de ridicule; mais, au fond du cœur, il ne lui déplaisait pas de penser que, mortes toutes jeunes, trois femmes qu'il avait aimées, — les premières, — s'étaient partagé, là-haut, le soin de réagir sur ses destinées.

ANGELINA.

GRAZIELLA.

ELVIRE.

On a tout dit sur les deux dernières, mais fort peu sur l'autre.

A dix-huit ans, sur les routes italiennes peuplées de bandits, la bourse légère, mais le cœur vaillant, Lamartine avait rencontré un premier ténor qui s'en allait, disait-il, faire les délices du théâtre de *San-Carlo*, à Naples.

Ce ténor modeste avait pour compagnon de voyage son neveu, un charmant garçon, à peu près du même âge que Lamartine. Cela se trouvait admirablement; les deux jeunes gens devinrent une paire d'amis, les deux doigts de la main, Nisus et Euryale.

La nuit, ballottés dans les voiturins, ils se prêtaient tour à tour leur épaule en guise d'oreiller. Angelo dormait assez calme, mais Lamartine ne se trouvait jamais bien à l'aise ; il ne faisait que se tourner et se retourner.

Pendant ce temps, l'oncle filait des gammes chromatiques et souriait dans sa barbe noire.

Un soir, on arrive à Rome; ils descendent naturellement dans la même auberge.

— Nous ne sommes pas riches, dit Lamartine au ténor, il me semble qu'une chambre suffirait pour Angelo et pour moi.

— Ah ! ne me parles pas de coucher deux en Italie, dit le jeune homme en riant ; les lits ne sont déjà que trop habités.

Le lendemain, le poète est réveillé par la voix de son compagnon de route, qui frappe à sa porte et lui crie que le déjeuner est prêt.

Lamartine passe un pantalon à la hâte ; il court ouvrir et jette un cri de stupeur.

Au lieu du neveu du ténor, il voit une charmante figure de jeune fille romaine élégamment vêtue, et dont les cheveux noirs, tressés en bandeaux autour du front, étaient rattachés derrière par deux longues épingles d'or à têtes de perles, comme les portent les paysannes de Tivoli.

— Toi ou ta sœur ? demanda Lamartine.

— L'un et l'autre, répondit Angelina qui avait repris, en arrivant à Rome, le costume de son sexe ; mais l'habit ne change pas le cœur ; seulement, je ne dormirai plus sur votre épaule, ni vous sur la mienne.

— Avec ça que j'y dormais !

Mais il fallait encore aller de Rome à Naples, et le chemin était long, si bien que.... Puis, atteinte de phthisie, Angelo devenu Angelina avait bientôt soldé d'imprudentes ardeurs par une mort déplorable.

Et voilà pourquoi Lamartine avait tout de suite pensé à Angelina, à Graziella et à Elvire, lorsque la bohémienne lui avait parlé de trois âmes envolées qui veillaient sur lui.

La triple auréole est venue, de poète, d'orateur, d'homme d'État... les désastres aussi sont venus... Et

peut-être le grand désolé se sera-t-il intérieurement avoué, dans ces derniers temps, que, pour s'être ainsi cotisées au profit de son bonheur, ses trois premières maîtresses n'avaient que très médiocrement atteint le résultat désiré.

*
* *

Lamartine a été surtout le poète des femmes ; on vient de retrouver chez lui, au chalet du bois de Boulogne, des lettres par centaines de mille, et plus de la moitié de ces lettres implorent un autographe. Il n'y a pas d'exemple qu'un romancier ait jamais mis entre les mains d'une jeune fille, « lisant dans le parc, ou dans le salon, ou sous la charmille », un autre poète que Lamartine.

C'est comme Schubert pour le piano.

Ici se dresse cette question, dans le sens passionnel du mot :

Lamartine a-t-il beaucoup aimé ?

Avec la tête, oui ; avec le cœur et les sens, non.

Ces grands enthousiastes, ces sublimes rêveurs de la perfection, ces chanteurs merveilleux, qui sont comme un écho des concerts célestes, s'éteignent bien vite dans le prosaïsme forcé des contacts humains.

Où voulez-vous qu'ils trouvent la réalisation de leur idéal ? Ils se jettent bien un instant aux genoux de l'idole, mais voilà qu'apparaissent les pieds d'argile, qu'ils croyaient d'or, et ils se relèvent aussitôt.

Voilà pourquoi Lamartine n'a guère aimé que des mortes. Celles-ci se sauvaient par le mirage de l'éloignement ; le poète pouvait les laisser sur leur piédestal.

Quelques plaisants ont dit de lui que c'était « un sultan sans mouchoir. »

D'autres ont prétendu que, s'il avait vécu à Athènes du temps d'Aspasie, il aurait fait, comme Platon, de l'esprit avec elle ; mais que, quant à peupler la République, il n'y eût même pas songé.

C'est une calomnie ; les mouchoirs ne lui manquaient pas ; il en a même beaucoup jeté, le soir, aux lumières et sur la foi de l'étiquette ; mais, dès qu'on les lui rapportait au grand jour, il n'en voulait plus.

Ce n'était pas une femme qu'il fallait à Lamartine, c'était Ève avant le serpent, parfaite, divine et immaculée de tout point.

En voici une preuve :

Un jour, il y a de cela pas mal d'années, Mme de Lamartine était en Angleterre, M. de Lamartine était à Saint-Point. Une berline de poste s'annonce par une sérénade de coups de fouet... — des armoiries, quatre chevaux, un courrier en avant, deux domestiques sur le siége, dont une femme de chambre en voile vert, de belles vaches en cuir dessus, derrière et dessous : tout ce qu'il faut pour déplacer beaucoup de poussière et ne jamais manquer son entrée dans les comédies de la vie.

Ce fracas se résumait par une belle grande dame russe en itch ou en off. Elle arrivait tout exprès de Moscou pour voir le poète du *Lac* et des *Harmonies*. C'était désormais pour elle une condition de vie ou de mort ; elle ne pouvait plus respirer sans s'être donné cette satisfaction ; — Lamartine ou la tombe !...

Vous savez ce que sont les Moscovites, quand elles se mêlent d'être du monde et d'être jolies : sveltes, fines, délicates, endiablées, des camélias légèrement rosés qui sortent d'une fourrure, et de l'esprit! et de l'aplomb! et des airs de tête! et des tours de jupes! et un accent!... de suaves petites notes argentines qui s'égrènent d'un clavier d'ivoire.

Avouons que c'était flatteur, et qu'il eût fallu être plus ou moins qu'un homme pour ne pas avoir, en pareille occurrence, un mouchoir à jeter.

Lamartine jouissait en vrai sybarite de cette fête qu'on donnait à son amour-propre.

Quand, après une demi-heure de *contemplation*, la grande dame voulut repartir, il se trouva que, sur l'ordre du maître, les chevaux étaient retournés à la poste et que la berline dormait sous la remise.

— Quoi! est-ce possible?... Jamais de la vie!... Oh! mais non!... Ce serait d'une indiscrétion!... Vous n'y pensez pas!...

Et beaucoup de phrases de ce genre, minaudées avec une coquetterie qui les démentait à mesure.

— Eh bien, oui, jusqu'à ce soir, finit-elle par dire.

— D'abord, jusqu'à demain matin, implora le poète, et ensuite jusqu'à toujours, si vous le voulez, ajouta-t-il galamment...

C'était le matin.

La journée s'écoula en promenades langoureuses, en escarmouches charmantes.

— Hum! pensait la jolie Russe, voilà une hospitalité qui pourrait bien me coûter cher... — cher pour mon mari, bien entendu, car pour moi... je ne lui montrerai pas la carte à payer, voilà tout... Et puis, un poète, ce n'est pas un homme, c'est comme une incarnation de Dieu... Et puis, en voyage!... et puis, à la campagne!...

Que d'excuses, alors qu'elle n'en demandait qu'une seule, toute petite, à sa conscience qui était l'indulgence même !

Lamartine était littéralement grisé ; cette femme lui portait à la tête comme de l'aï mousseux.

Une heure avant le dîner, elle s'était éclipsée pour faire un peu de toilette.

Le cordon-bleu de Saint-Point, la femme d'Aurèle le valet de chambre, avait reçu l'ordre de se distinguer.

On dévalisait les parterres, et le castel se métamorphosait en un bouquet de fleurs.

En attendant qu'Elle descendît, le poète, impatient et charmé, allait à l'aventure par la maison.

Il passe devant l'office ; il entend causer, il s'arrête...

— Du papier Fayard, mademoiselle ? disait à la caméristе étrangère, Mme Louise, l'intendante du logis, nous n'en avons pas ici, j'en suis vraiment désolée... Vous avez donc des œils de perdrix, ou quelque chose d'analogue ?...

— Oh ! pas moi, madame, mais ma maitresse ; elle en souffre le martyre ; il y a des jours où elle ne peut pas se chausser... J'en emporte toujours en voyage, de ce papier ; mais, cette fois, nous sommes parties si précipitamment... Je vais joliment être grondée !...

Dix minutes après, Lamartine montait à cheval, et il s'en allait...

— A Mâcon, chercher le remède Fayard ? me suis-je écrié lors qu'on me raconta cette histoire.

— Non pas, chère lectrice, mais tout simplement à Charmé, non loin de Saint-Point, chez M. le comte de Rambuteau, où il s'invitait lui-même à dîner et à coucher.

Toutefois, il laissait à l'Ariane moscovite l'autographe suivant :

« Plaignez-moi, madame, un souffrant m'appelle et « je vole à lui... Ah! le devoir!... Je n'ai jamais mieux « compris ce qu'il a parfois de cruel et d'inopportun.

« Toute la maison est à vous; disposez d'elle comme « de moi.

« Mes respectueux empressements.

« LAMARTINE. »

Aurèle devait venir le prévenir quand l'étrangère serait partie.

Celle-ci attendit jusqu'au lendemain à midi, et comme elle ne recevait pas de nouvelles, comme c'était après tout une très grande dame qui ne jetait sa fanchon de dentelles que jusqu'au moulin, mais jamais au-dessus, elle laissa un pourboire royal et partit moins coupable qu'elle ne l'avait espéré peut-être.

L'amoureux et le poète sont là tout entiers; celui-ci fait du tort à l'autre; il lui ôte son bandeau, il lui montre une taie légère, un bobo, moins que rien... et le jeune Cupidon s'envole encore plus vite qu'il n'était venu.

Si la belle et « honneste » dame vit encore, et que ces lignes lui tombent sous les yeux, elle y trouvera le mot d'une énigme qu'elle a sans doute longtemps et vainement cherchée.

*
* *

Voulez-vous une autre preuve que cette imagination puissante pouvait, à son gré, tout dorer ou tout assombrir?

Le voilà en Orient; il passe deux jours, deux jours seulement, dans une petite ville de Syrie, le long de la côte. Vous savez ce qu'est la Syrie : une contrée longue, étroite, hérissée de falaises calcaires; pour montagnes, le Thabor et les Oliviers; pour fleuve, le Jourdain; sans compter la mer Morte et le lac de Génézareth. C'est triste au possible; c'est ennuyeux à s'avaler la nuque en d'interminables bâillements. Mais c'est aussi la terre promise des Hébreux. — Sémiramis, Alexandre, Pompée, Marius, César, Godefroy de Bouillon, le général Bonaparte y ont laissé leurs traces... A ce titre, il n'y a pas de mal d'y avoir été.

Le poète était donc dans la petite ville dont je vous parlais. Il n'y avait là que des Arabes, des Turcs, des Juifs, des Kourdes, des Maronites et des Arméniens, tous gens peu sensibles à la poésie, et pour qui Lamartine ne valait pas le capitaine marchand d'une felouque quelconque... Je me trompe; il y avait aussi un consul français et ses deux filles.

Naturellement, le consul s'empare de l'illustre voyageur et le loge chez lui; on l'accable d'attentions charmantes et des soins les plus délicats.

Que faire pour s'acquitter? Il ne peut rien offrir, on n'accepterait pas.

Ah! une idée!

Les deux jeunes personnes n'avaient été que très médiocrement dotées du bon Dieu; j'ajoute qu'elles ne devaient pas l'être du tout par leur père, ce qui rendait leur établissement fort problématique.

Mais c'est égal; le *Voyage en Orient* paraît, et Lamartine trouve le moyen de consacrer dix pages entières à ses hôtesses de Syrie. Son enthousiasme n'a pas de bornes : elles ne sont pas seulement jolies, ce sont des beautés, de véritables déesses, des anges fourvoyés du ciel. Phidias n'a jamais rien sculpté de pareil. Aspasie n'était qu'une laide et une sotte, comparée à ces prodiges de grâce et d'esprit.

Pour l'exprimer avec tant de conviction, il devait être certainement arrivé à le croire.

Il résulta de cette publicité que beaucoup de touristes européens se détournèrent de leur route, pour aller voir les deux merveilles que Lamartine venait de révéler au monde.

La petite ville devint quelque chose comme la Mecque : un but à pèlerinage

Seulement, les pèlerins envoyaient le poète au diable, et s'en allaient fort désappointés.

Toutefois, dans le nombre, il finit par s'en trouver deux, — des Anglais, cela va sans dire, — fort riches, — cela va toujours sans dire, — qui, sur la simple recommandation du poète, épousèrent les jeunes filles en fermant les yeux.

Mais, hélas ! quand ils les rouvrirent...

Peu de temps après son mariage, un de ces braves enfants d'Albion disait au patriarche des Maronites, qui me l'a répété :

— J'ai épousé ma femme parce que M. de Lamartine a écrit et publié que c'était une délicieuse créature... J'ai beau faire, je ne puis réussir à partager cet avis... Mais il doit être meilleur juge que moi dans ces questions-là.

*
* *

Nous avons vu le poète à Saint-Point ; mais, il ne faut pas s'y tromper, c'étaient là ses vacances. Il y secouait sa chaîne de forçat de la plume ; ses poumons fatigués y prenaient un bain d'air natal ; sa main s'y reposait, mais non son esprit.

A Paris, rue de la Ville-l'Évêque, le travail était incessant, comme les inquiétudes et les besoins de chaque jour. Cet Ixion se rattachait alors à l'infernale roue qui tournait toujours.

Pas de cabinet fastueux, comme beaucoup le pensent ; nulle mise en scène, aussi peu de bibliothèque qu'à Saint-Point. Une seule chambre pour le sommeil et pour la besogne ; à gauche, en entrant, une petite table ; à droite, une autre, plus grande, chargée de papiers. — Au fond, une alcôve, un lit de pensionnaire, recouvert d'une peau de tigre, et, sur celle-ci, deux lévriers faisant la sieste ; puis *Mirza* et *Coton,* un carlin et un angora, allant, venant, gambadant dans les attitudes les plus capricieuses, — deux chaises cannelées et fatiguées de servir, — un portrait de Béranger. — Sur la cheminée, trois tabatières presque aussitôt vidées que remplies.

Ces tabatières me remettent en mémoire l'incident que voici :

Depuis longtemps, Lamartine n'allait plus à l'Académie. Cependant, comme on venait d'élire M. de Laprade, il voulut lui donner un témoignage public de sympathie, en assistant à sa réception... Le miel des discours s'épanche à pleines lèvres ; on se passe la rhubarbe en échange du séné ; quelques vieux dormaient dans leurs palmes vertes ; mais les élégantes des deux faubourgs se délectaient dans des torrents d'éloquence...

Prévenu que Lamartine serait à la séance, M. de Laprade avait ciselé tout exprès une phrase à l'intention du *chantre d'Elvire*...

Le chantre d'Elvire !...

Ces deux mots, ce souvenir évoqué provoquent des extases. Il court comme un frémissement sur tous les chignons. Les aigrettes, les fleurs, les marabouts s'en agitent comme un champ de blé par une brise légère.

Le chantre d'Elvire ! C'est-à-dire la jeunesse, la beauté, la grâce, l'élégance, toutes les séductions réunies...

Les regards avides de ces dames le cherchent et le trouvent... Il allait prendre une prise, et se préparait à cet acte important, en deployant un de ces immenses mouchoirs à carreaux... qu'on ne jette qu'aux blanchisseuses.

Fi ! l'horreur !

Depuis lors, beaucoup de ces belles lettrées ne lurent plus Lamartine ; — elles préférèrent Rocambole.

*
* *

Rue de la *Ville-l'Évêque*, le poète ne se donnait congé que le dimanche, et encore quel congé !... Ce jour-là, il ouvrait à tout le monde sa porte et sa bourse... Vous tous qui souffrez, venez ! accourez ! prenez !... Les trois tabatières de la cheminée se compliquaient de deux sébiles : de l'or dans celle-ci, de l'argent dans celle-là. Il donnait sans compter ; il avait la céleste folie, je dirais presque la démence de la charité.

Mais tout à l'heure, mais demain, sublime imprudent!... il ne te restera plus rien... Comment feras-tu?

— Demain, tout à l'heure, répondait-il, est-ce que cela viendra jamais?

Hélas! oui, cela venait... et avec quelle vitesse!... il ne s'en apercevait que trop.

Et que de regards étonnés, que de bouches béantes, lorsqu'on l'approchait pour la première fois!...

Comment!... ce bonnet de vigneron, rayé de blanc et de bleu, — cette veste de laine grise à manches, ce pantalon à la mameluk,— cette ceinture corail ou groseille, — ces gros chaussons de lisière...

Mon Dieu, oui, regardez-le bien; c'est lui-même, c'est M. Alphonse de Lamartine; c'est le grand seigneur d'autrefois, — c'est le poète qui a dépensé un demi-million, de sa poche, pour aller chercher des impressions en Orient,— c'est le puissant tribun, c'est l'ambassadeur, c'est le ministre... Regardez et inclinez-vous!

Et, que ce fussent de pauvres diables d'affamés qui tendissent la main, — ou M. Tascher de La Pagerie, venant lui offrir, au nom de l'empereur, le repos et l'indépendance, — ou une députation de quinze membres, lui proposant, au nom de la Chambre, de convertir ses dettes en dette nationale ; croyez bien qu'il ne faisait pas plus de frais d'accoutrement pour les uns que pour les autres.

Rien d'aimable et de touchant comme ces audiences familières : j'entends celles où il n'était question que de charité. Dès l'entrée, d'un geste gracieux, il tendait lui-même la main au visiteur, connu ou inconnu, comme pour lui donner l'exemple et pour adoucir ainsi l'amertume d'une démarche pénible.

Et on n'a pas craint de dire de lui qu'il était avide!

Hélas! ce n'était qu'un propriétaire obéré, doublé de poète, qui n'avait jamais connu le prix de l'argent, et qui le semait toujours, comme s'il devait repousser sans cesse.

Quand sa bourse était vide, il empruntait.

« Je meurs de faim, » lui écrivait laconiquement un personnage très connu.

« J'ai cinq cents francs, les voici, répondait Lamartine; pardonnez-moi de faire si peu; tout à vous de cœur. »

Ses émoluments de membre du gouvernement provisoire, il les distribuait aux écrivains pauvres, spontanément, sans être sollicité, et cela, avec des lettres charmantes qui doublaient le prix du bienfait.

— Si j'avais cent francs, s'écrie un jour Lassailly devant lui, je serais véritablement heureux.

— Tenez, répond Lamartine, soyez-le dix fois.

Et il lui en donne mille.

Ceci était l'excès.

Voici une anecdote qu'on a rappelée dans ces derniers temps, mais on ne peut trop la redire :

Depuis longtemps, Lamartine n'avait plus qu'une voiture au mois. Son rêve était d'avoir un *poney-chaise* et un cheval à lui; mais trois mille francs que cela devait coûter!... Comment réunir une aussi grosse somme sans faire tort aux aumônes courantes? — Le grand enfant songe à faire une *cachette;* oui, c'est cela, un petit coin obscur et profond, d'un accès gênant, où il jettera de temps en temps quelques louis qu'il se sera dérobés à lui-même...très bien,—mais il aurait dû aussi pouvoir se dérober le souvenir de l'endroit où gisait cette épargne... Un dimanche matin, une pauvre femme arrive jusqu'à lui, et se jette à ses pieds avant qu'il n'eût eu le temps de l'en empêcher... Elle a sept enfants ; la huche est vide, le mobilier est saisi ; on vendra demain ; les petits coucheront sur le seuil d'une porte...

— Combien? demande simplement Lamartine ému.

— Mille francs.

Les sébiles avaient déjà reçu de rudes atteintes, et il s'en fallait que cette somme restât sur la cheminée.

— La cachette ! pense le poète.

Il court à une armoire, il se penche, il fouille... les mille francs y étaient.

Cela se passait en présence de M. de la Guéronnière.

— Et votre voiture ? demande ce dernier après le départ de la mère affolée de joie.

— Clavel m'a recommandé l'exercice, répond Lamartine.

Clavel était le médecin de la maison.

*
* *

Les splendeurs du salon de la rue de la *Ville-l'Évêque* étaient tout intimes : un médaillon de marbre, une tête antique, des aquarelles de Mme de Lamartine en faisaient les frais... plus la grâce et le charme que l'on ne trouve à ce point que chez les Majestés du talent.

Par exemple, beaucoup de glaces, non de Venise ou

de Saint-Gobain, mais de chez Blanche, le glacier du faubourg Saint-Germain ; témoin une note de plombières et de granits napolitains qui se montait à deux mille écus.

*
* *

Un matin, Lamartine s'aperçoit que son parapluie est à jour et qu'il pleut à travers. Il envoie chez un marchand du faubourg Saint-Honoré; on lui en envoie douze pour choisir... non des marchands, mais des parapluies.

Le maître étant occupé, on les laisse dans l'antichambre.

Le soir, il faisait beau ; quelques amis arrivent à pied.

On cause, on grossit un peu la facture de Blanche ;— minuit sonne; c'est l'heure du départ. — Bon ! voilà qu'il pleut à torrents !... et pas de voitures ! pas même de parapluies !... Comment faire ?

— Il doit y en avoir dans l'antichambre, dit le poète.

En effet, il y en avait douze; mais, quelques minutes plus tard, il n'y en avait plus.

*
* *

C'est vers ce temps que le bon, l'excellent, l'inséparable Dargaud, voyant que, dans cette maison, on jetait un peu l'argent par les fenêtres, — et qu'il y en avait trop, je parle des fenêtres, — c'est alors, dis-je, que Dargaud résolut de faire un coup d'État, qui réussit à merveille, comme on va le voir.

Donc un jour, outré de colère, et précisément à la

suite d'une scène où l'argent venait de jouer le vilain rôle d'absent à l'appel :

— Les poètes datent souvent leur premier chant de l'hôpital, dit-il à l'Homère moderne; il paraît décidément que nous voulons changer tout cela et finir comme commencent les autres. Eh bien, non, morbleu ! je m'y oppose, je m'insurge, je m'installe ici, je m'empare des clefs, et il ne sortira plus un sou de la caisse sans ma permission.

M. de Lamartine se soumet, madame aussi, — charmés de ne plus avoir à souiller leurs belles mains de ce vil métal.

Dargaud prend les clefs, en effet, et s'en va faire sa promenade habituelle aux Champs-Élysées.

Une visite arrive; c'est une dame de charité de la Madeleine, qui quête pour les pauvres.

— Dargaud! où est Dargaud? que fait donc Dargaud?

Mais Dargaud est sorti.

— Vite, un serrurier! dit Mme de Lamartine à Aurèle.

On force la serrure.

La caisse contenait huit cents francs en billets de banque.

Mme de Lamartine les plie délicatement et les glisse dans l'aumônière.

Le poète la suivait des yeux; il souriait et semblait lui dire :

— Une bonne idée! j'allais justement en faire autant.

Dargaud, lui, était bien tranquille : il avait les clefs dans sa poche...

A son retour, il jeta feu et flamme, et se démit de ses fonctions.

On ne se corrige pas de la bienfaisance.

*
* *

Tous deux étaient de l'ancien Comtat Venaissin, de cet aimable département auquel une fontaine chantée par Pétrarque a donné son nom.

L'un s'appelait Pouchelon, l'autre s'appelait Isopy.

Comme tant d'autres, ils étaient venus séparément à Paris sur les ailes de l'espérance, et ce genre de locomotion avait surtout dû plaire à Pouchelon qui était pied-bot.

Pouchelon était tailleur : un état conforme à son infirmité.

Isopy, lui, était coiffeur : main leste et légère, sourire perpétuel, platine inusable et le mot pour rire ; il rêvait aux édifices capillaires les plus inouïs.

Il y avait déjà cinq ou six semaines que ce dernier se promettait, chaque jour, de chercher du travail le lendemain ; mais c'était comme un fait exprès : tous les lendemains arrivaient à leur tour, les uns après les autres ; il n'y avait que celui où il devait se mettre à la besogne qui n'arrivait pas.

— Il y a des années comme ça, a dit Murger, où on n'est pas en train de piocher.

Cependant, Isopy commençait à voir le fond de sa bourse, lorsque, un jour qu'il passait sur le trottoir de la rue Jacob, une porte s'ouvrit tout à coup avec fracas, et il en sortit un grand diable de valet de chambre qui, maugréant, jurant, tempêtant, donna du coude et des épaules sur ce pauvre Isopy qu'il manqua de renverser.

Qui se serait jamais douté que la fortune capricieuse lui venait ainsi!..

— Eh bien! s'écrie le Gascon, un peu vif, en se redressant, qui est-ce qui m'a f..., bâti, veux-je dire, un animal de cette espèce-là?

Le valet de chambre était ce même Aurèle que nous connaissons.

— Pardon, mon brave, reprit Aurèle, mais je suis si en colère, voyez-vous, et Monsieur est si pressé!... Ce maudit *larbin* n'est jamais là quand on en a besoin.

— Un *larbin!* reprit Isopy, mais je suis là, moi! et du moment que monsieur est pressé...

— Quoi! vous seriez?..

— Un peu, mon neveu!.. j'arrive des cours étrangères, où mes frisures Alcibiade ont eu le plus grand succès... En ai-je assez rajeuni de ces têtes, qui ne voulaient plus me quitter après!.. J'ai même inventé une pommade pour faire tomber les cheveux...

— Hein? demanda Aurèle, pour les faire *tomber?*

— Certainement... Et comme j'en ai aussi inventé une pour les faire pousser, le débit de la première aide naturellement à la consommation de la seconde.

— Eh bien! venez, reprit Aurèle, que ce raisonnement original venait de séduire; si vous ne coiffez pas bien mon maître, vous l'amuserez; ce sera toujours une compensation.

C'était à deux pas de là, rue de l'Université, n° 82. Ce monsieur s'appelait *Lamartine*, et, à dater de ce jour jusqu'au 28 février 1869, Isopy est resté attaché à la tête du poète illustre.

Un client comme celui-là devait en amener d'autres. Il y eut beaucoup de gens qui se crurent à moitié célèbres, parce que, en sortant de pincer le bout du nez de l'auteur de *Jocelyn*, Isopy venait pincer le leur.

La vogue tient souvent à moins que cela.

Au bout de quelque temps, Isopy était bel et bien établi au n° 38 de la rue Belle-Chasse.

Pouchelon, lui, n'avait pas été aussi heureux. Simple ouvrier tailleur, il n'amassait aucune mousse à cet ingrat métier de rouler d'un maître à l'autre. La misère aidant, il devenait même un peu socialiste.

Or, un jour, en passant dans la rue Belle-Chasse, il lit, en lettres d'or sur fond d'azur, le nom d'Isopy.

— Ce doit être un pays! pense Pouchelon.

Il entre.

On se reconnaît, on s'embrasse, on parle d'Orange, la patrie commune, et de là, naturellement, quelques relations s'établissent.

— Une supposition, disait-il à son ami Isopy; toi, tu as quelque chose; moi je n'ai rien... Nous mettons tout cela ensemble; nous prenons chacun la moitié, et...

— Et cela fait ton compte, achevait Isopy, mais cela ne fait plus le mien.

Toutefois, quand chômait l'ouvrage, il venait volontiers au secours de son camarade, pour autant que les circonstances le lui permettaient.

En juin 1848, comme on tournait un peu au sans-culotte, l'art de faire des pantalons se pratiquait moins que jamais. Pouchelon changea de partie; il se fit insurgé, une carrière qui peut mener à tout, même à Cayenne, et dont l'apprentissage est des plus faciles...

Puis, le pays se mit à avoir, par intermittences, des accès de fièvre et de calme ; la France souffrit, puis ne souffrit plus, puis se remit à souffrir encore ; puis le prince Louis-Napoléon, appelé à son chevet comme premier médecin, lui fit la rude et lugubre opération que tout le monde connaît ; bref...

Mais ce n'est pas là la question.

Quoique peu d'accord sur le genre de rémoulade, monarchique ou républicaine, à laquelle il convenait d'accommoder leur patrie, les deux amis se voyaient toujours de temps en temps.

— Encore un fier gueux que ton Lamartine! disait Pouchelon à Isopy ; il est cause de tout ; c'est lui qui nous a muselés en 1848.

— Veux-tu bien te taire ! répondait le coiffeur, c'est un ange !

— C'est un gredin ! un enfileur de belles phrases ! il nous a escamoté la liberté... Dire que j'ai tenu ce paroissien-là au bout de mon fusil, et que j'ai résisté à la tentation de l'escoffier !...

— Si tu avais fait cela !...

— Eh bien, quoi? après?

— Je t'aurais coupé le cou en te rasant.

Chaque rencontre amenait une nouvelle querelle, dont Lamartine était la cause innocente ; mais ils n'en continuaient pas moins à s'aimer et à se voir.

Un matin, Isopy reçut un billet ainsi conçu :

« J'ai un rhumatisme articulaire ; je souffre les
« cent mille diables ; il y du pain chez le boulanger,
« mais il n'y en a pas chez moi. »

« POUCHELON. »

Le coiffeur trouva son ami étendu sur un grabat, dans un bouge du Gros-Caillou. C'était l'hiver... pas de feu dans l'âtre, un vieux paletot pour couverture, les tiroirs et l'estomac vides, ni médecin, ni remèdes, ni rien... que des contorsions et des cris.

Isopy vida sa bourse, bien légère pour cicatriser tant de maux; puis, le devoir l'appelant rue de la Ville-l'Évêque, il quitta le patient avec promesse de revenir.

— Vous arrivez bien tard! lui dit Lamartine, avec cette douceur d'enfant qui faisait de ses reproches même une caresse aimable.

Le coiffeur raconta qu'il venait du Gros-Caillou —et ce qu'il y avait vu.

— Ce Pouchelon est de votre pays? demanda le poète.

— Oui, monsieur, répondit Isopy; tous les deux d'Orange et nés presque porte à porte...

— Un rhumatisme articulaire! reprit le grand homme distrait; c'est la mer à avaler; je sais ce que c'est... Allez me chercher votre camarade, et amenez-le moi.

— Mais monsieur oublie que le malheureux est cloué sur son lit.

— C'est juste! où avais-je la tête?... En ce cas, conduisez-moi; nous allons y aller.

Lamartine laissa dans la mansarde du Gros-Caillou des trésors de consolations, et neuf louis... tout ce qu'il avait sur lui.

Pas assez, selon son cœur, mais beaucoup, selon sa fortune, car déjà ces messieurs noirs, qui ne *chantent* pas les exploits, mais qui les *rédigent*, assiégeaient sa porte.

— Isopy me donnera de vos nouvelles, avait-il dit en

s'en allant; et quand vous pourrez sortir, vous viendrez me voir.

Trois semaines après, Pouchelon se présentait rue de la Ville-l'Évêque, et le poète, en lui tendant la main, lui coulait encore cinq pièces d'or.

Puis, le voyant sordidement vêtu :

— Revenez dans un jour ou deux, lui dit-il, je vous aurai trouvé des habits.

Quand Pouchelon revint, Isopy était là, vaquant aux devoirs de son sacerdoce. Je dis *sacerdoce*, parce que le prêtre n'officie pas avec une plus respectueuse componction, que n'en mettait Isopy à accommoder son idole.

— Je remarque une chose, et je me souviens d'une autre, dit Lamartine au pauvre tailleur : la première, que je suis plus grand que vous, et que mes habits ne vous iraient pas; la seconde, qu'ils appartiennent de droit à mon valet de chambre, et que je n'en puis disposer... Le plus simple est que vous en achetiez; voici soixante francs.

Pouchelon venait de se retirer, les yeux humides, trop ému pour pouvoir beaucoup remercier, et comme accablé du remords d'avoir méconnu un pareil homme, — lorsque le coiffeur, n'y tenant plus :

— Ah ! monsieur, dit-il, si vous saviez !

— Si je savais quoi ?...

— Cette espèce de scélérat que vous comblez de bienfaits...

— Comment, un scélérat !... C'est vous-même qui me l'avez recommandé.

— Cela n'empêche pas que, en 1848, il vous a tenu au bout de son fusil et qu'il voulait vous tuer.

— Bah !

Et, échappant au peigne d'Isopy, à moitié coiffé, retenant d'une main le peignoir qui s'envolait, courant à une fenêtre qu'il ouvrit précipitamment :

— Hé ! l'ami ! cria Lamartine au pied-bot qui traversait la cour, faites-moi donc le plaisir de remonter, je vous prie.

Quand Pouchelon eut obéi :

— Est-il vrai que vous ayez voulu me tuer ? lui demanda le poète.

— Oui, monsieur, répondit le tailleur, cherchant un trou où se cacher et se préparant déjà à rendre l'argent, comme font les directeurs de théâtre, lorsque le ténor en vogue, qui dîne en ville, est censé tousser.

— Vous m'avez tenu là, à bout portant ?

— Hélas ! oui, monsieur.

— Il n'y avait plus qu'à appuyer sur la gâchette ?

Pouchelon n'osait plus répondre, mais il fit un signe de détresse qui ne pouvait laisser aucun doute sur les intentions homicides qu'il avait autrefois nourries.

— Et vous ne l'avez pas fait ? demanda l'ex-membre du gouvernement provisoire.

— Monsieur sait bien que non, reprit ingénument le tailleur ; il est là pour le dire.

Un pauvre et mélancolique petit billet bleu de cent francs, signé *Soleil*, en attendait vainement d'autres, sur la cheminée.

— Tenez, mon ami, dit Lamartine, prenez encore ceci ; il s'ennuie tout seul... Et croyez à ma reconnaissance !... Rien n'est plus simple que de ne pas avoir une mauvaise idée ; mais, une fois qu'on l'a eue lui résister, l'écarter de soi, ne pas l'accomplir, voilà ce qui est méritoire.. Jésus-Christ l'a dit : « Il y aura plus « de miséricorde au Ciel pour un seul coupable qui se « repent, que pour quatre-vingt-dix-neuf justes qui « n'auront jamais péché.

— Eh bien ! demanda Isopy en s'en allant avec son ami, qu'en penses-tu ? Quand je te disais que c'était un ange !

— Un ange ! s'écria Pouchelon ; est-ce que tu te fiches de moi, par hasard ? Un ange !... Je te donne mon billet que c'est le bon Dieu lui-même... il aura quitté le ciel pour venir demeurer rue de la Ville-l'Evêque, une idée comme ça.

*
* *

Un matin, — il y a de cela une dizaine d'années, — la détresse s'était assise déjà au chevet du poète et déchirait son cœur de ses mille piqûres, moins clémentes qu'un seul coup de hache.

Aurèle lui apporte deux lettres, dont l'une encadrée de noir.

Lamartine commence par celle-là.

« Monsieur, disait-elle, notre oncle avait certaine-« ment le droit de disposer de sa fortune comme il « l'entendait, et, la détournant du cours naturel que « lui indiquaient les liens du sang, il ne pouvait mieux « choisir qu'en la faisant affluer vers vous.

« Moi je n'y perds ni rentes, ni domaines, mais seu-

« lement l'espoir et la possibilité de désintéresser des « créanciers qui m'avaient escompté l'avenir.

« Reste ma sœur, une pauvre, pure et naïve en- « fant qui ne sait rien du monde. Elle vous lit du ma « tin au soir, elle vous admire, elle est presque heu- « reuse du sacrifice que lui imposent les dernières « volontés de notre cher défunt; je crois même qu'elle « eût été très capable de le faire d'elle-même, ce « sacrifice, si on le lui avait suggéré... Seulement, elle « ne se doute pas d'une chose ; c'est que la voilà très « probablement vouée au célibat, grâce au cadre d'or « d'où elle est obligé de descendre pour ne plus briller « que par ses vertus.

« Si vous connaissez, d'aventure, un homme jeune « et honorable, assez à son aise pour se contenter de « ce dernier apport, vous seriez bien aimable de songer « à elle. J'ajoute, pour mon propre compte, qu'une hé- « ritière, que vous daigneriez me choisir, serait acceptée « avec reconnaissance.

« Agréez, je vous prie, etc.

« Vicomte de B***.

— A quoi rime cette plaisanterie, se demanda Lamartine, et que me veut ce farceur?

L'autre lettre avait des allures de dépêche ; l'enveloppe grise était cachetée comme une bouteille de bordeaux ; ça sentait le rance, le poêle de fonte et le petit clerc ;— elle était datée de Versailles, et ainsi conçue :

« Monsieur, j'ai l'honneur de vous informer que, « par son testament olographe, dûment signé, paraphé

« et homologué, — déposé en mon étude, sous ma garde « et tutelle, en date du 17 décembre 1858, — M. Jean-« Émile-Nestor-Cyprien de ***, décédé depuis, vous a « institué son légataire universel.

« J'ai l'honneur d'être, monsieur, avec la plus haute « et la plus sincère considération,.etc, etc.. »

***

Notaire impérial.

Ceci expliquait cela ; mais ce n'en restait pas moins une énigme, car Lamartine n'avait jamais connu, ni de près ni de loin, ce bienfaiteur posthume.

— Que vas-tu faire? lui demanda Dargaud, le vieux commensal, l'ami dévoué, qui ne le quittait guère.

— Dame, je ne sais pas ; il faudra voir... Ce vicomte est un homme d'esprit, et sa sœur m'intéresse...Pourvu que l'héritage en vaille la peine!...

— Hein? se récria Dargaud, que cette avidité apparente faisait tomber des nues.

— Ce choix m'impose nécessairement des devoirs, continua le poète. Si, telle qu'elle est, la dot dont cet oncle a frustré sa nièce est par trop mince, il faudra bien que je l'augmente...

— Ah! très bien! Je me disais aussi : Ce n'est pas là mon Alphonse d'hier et de tous les jours ; on me l'a changé! »

Le lendemain matin, M. de Lamartine était à Versailles, dans le cabinet du notaire, demandant des explications.

Il héritait simplement de quelque chose comme cent mille écus.

— Ce n'est pas possible, monsieur, disait-il, il y a erreur... — C'est un autre Lamartine...

— Je n'en connais pas.

— Moi non plus... Mais le monde est si grand !... On ne peut pas savoir...

— Celui-ci est désigné comme illustre, reprit le notaire ; il s'appelle Alphonse... Tenez, voici un passage où il est littéralement question de l'auteur de *Jocelyn*...

— Ma parole d'honneur, je n'y comprends rien... Vous permettez ?...

Et le testament, — non pas la copie, mais l'original, — passa des mains du notaire dans celles du poète.

En ce moment, une tête s'encadra dans la porte du cabinet ; c'était le maître-clerc qui demandait au patron la permission de le déranger pendant trois secondes.

Le notaire sortit et rentra presque aussitôt.

— Qu'est-ce que cela ? demanda-t-il avec inquiétude, en se précipitant vers la cheminée où flambait une feuille de vélin.

— Rien, répondit Lamartine ; ce sont mes trois cent mille francs qui retournent à leurs possesseurs légitimes... J'aurais pu renoncer à la succession, mais ça se serait su, on aurait jasé... Pour l'honneur de sa mémoire, il ne faut pas même qu'on sache que M. de *** a voulu déshériter son neveu et sa nièce ; ce serait d'un mauvais exemple.

Dargaud étant mort, je ne puis plus le prendre à témoin ; mais il y a le notaire... il y a le neveu, un touriste acharné, qui écrivait dernièrement à un journal parisien une lettre datée de Bucharest... Il y a aussi la nièce, qui est aujourd'hui baronne, et l'une des plus charmantes femmes de la Chaussée-d'Antin.

Si je la nommais, le lecteur serait bien étonné.

*
* *

Jamais Lamartine n'a réduit une note d'ouvrier, mais il l'a souvent augmentée. Doux et sympathique au pauvre monde, il s'attachait par un premier bienfait et ne perdait plus de vue l'obligé.

Pendant l'une de ses promenades matinales, — pas bien longtemps avant sa mort, — il passe sur le boulevard des Batignolles, et aperçoit, dans un terrain vague, non loin du théâtre, une espèce de hangar en planches, lequel servait et sert encore, je crois, d'atelier à un ébéniste qui rajeunissait de vieux meubles.

Il entre, il cause, il s'enquiert si l'ouvrage va bien, de ce qu'on gagne à peu près par jour, s'il y a une femme, des enfants...

— Combien ce chiffonnier? demande-t-il enfin.

— Cent cinquante francs, monsieur, répond l'ébéniste.

— Et ce secrétaire?

— Cent vingt-cinq.

— Et ce petit meuble en bois de rose?

— Cent quatre-vingts.

— C'est bien, dit Lamartine sans marchander; ayez l'obligeance de m'apporter ces meubles, demain matin, à l'adresse que voici... Venez vous-même, je vous prie.

Puis il remet sa carte, et il part.

— Lamartine! lit l'ébéniste stupéfait, en suivant des

yeux l'homme célèbre qu'il vient de recevoir dans sa pauvre échoppe.

Le lendemain, La Morlière, — c'est le nom de l'ouvrier, — s'achemine vers l'avenue d'Eylau en poussant une voiture à bras.

Sur les instructions de Mme Valentine de Cessiat, il place les meubles dans le salon; puis on l'introduit dans la chambre où travaillait Lamartine.

— Asseyez-vous, mon brave homme, dit ce dernier; c'est très bien, j'aime l'exactitude... Quel dommage que je ne sois pas plus riche! J'aurais fait des acquisitions plus importantes, car vous me faites l'effet d'un travailleur honnête et intelligent qui mérite d'être encouragé... Ce sera pour une autre fois... A combien s'élève votre note?

— A quatre cent cinquante-cinq francs, répond l'ouvrier, plus charmé encore de l'affabilité de l'acquéreur que de l'argent qu'il va palper.

— C'est bien, mon ami, en voilà cinq cents... Oh! gardez le tout!... C'est bien le moins que je vous paie votre déplacement.

Le poète voit des meubles qui lui conviennent, dira-t-on, et il les achète : quoi de plus simple?

Soit; mais c'était surtout le ton, la grâce, la bonté qu'il mettait à cela.

Et ce n'est pas tout.

Ces meubles provenaient d'une vente après décès. Une pauvre jeune veuve les avait vus sortir de chez elle en pleurant, car elle les considérait comme des reliques de famille.

Or, un jour, quelques rayons d'or viennent à luire dans sa bourse.

— Mes vieux meubles aimés! se dit-elle; si je pouvais les ravoir!

Elle court, elle s'informe; de piste en piste, elle arrive jusqu'à Lamartine, et lui présente son humble requête.

— Comment donc! madame, répond le poète, mais rien de plus juste! ce culte des anciens souvenirs ne peut que vous honorer... Faites prendre tout cela quand vous le voudrez.

Une chose inquiétait la veuve: elle avait bien les quatre cent cinquante-cinq francs; mais le vendeur n'allait-il pas vouloir réaliser quelque bénéfice sur la rétrocession du marché?

Un bénéfice! ah bien, oui!... Si vous aviez mieux connu votre Lamartine, madame, vous vous fussiez épargné cette peur.

— Et ce sera... combien, monsieur? demanda timidement la veuve.

— Combien? Mais je ne suis pas marchand, moi, madame, quoique ce soit une très honorable profession et meilleure que beaucoup d'autres... Je n'ai pas l'habitude de vendre... Quant à offrir, c'est différent. Ces meubles étaient à vous; on vous les a pris, je vous les rends; voilà tout... Trop heureux, si vous voulez bien y rattacher un souvenir de plus.

Ce n'est rien et c'est tout... Mais toutes les mines de Potosi n'auraient jamais pu y suffire.

Si le lecteur doute, il a une chose bien simple à faire; c'est d'aller interroger La Morlière, comme je l'ai fait moi-même.

* * *

Quelqu'un, faisant allusion au temps où, à force d'éloquence et de sangfroid, Lamartine était parvenu à contenir les passions populaires, lui demandait ce qu'il avait éprouvé lorsqu'il s'était senti sous la griffe du lion.

— J'ai eu peur d'abord, répondit le poète ; mais sitôt que ma main s'est enfoncée dans la crinière, j'ai compris que je triomphais...

Est-ce assez beau?

*
* *

M. Emile Ollivier rappelait dernièrement à la chambre un charmant épisode.

Lamartine reçoit un jour, à l'Hôtel de Ville, une députation de *Vésuviennes*, femmes du peuple aux allures quelque peu farouches et qui n'étaient pas tout à fait sans analogie avec les *tricoteuses* de mémoire néfaste.

Les mégères avaient envahi le cabinet du poète.

Il se présente à elles et les interroge.

— Citoyen, répond l'une d'elles, les Vésuviennes ont tenu à t'envoyer une députation, pour t'exprimer toute l'admiration que tu leur inspires. Nous sommes cinquante ici, et, au nom de toutes les autres, nous avons mission de te donner l'accolade.

— Elles n'étaient pas précisément belles, disait plus tard Lamartine, en rappelant ce souvenir de sa vie politique ; se laisser embrasser, c'était dur...

Le poète eut alors une de ces inspirations comme lui seul savait en avoir.

— Citoyennes, dit-il à ces dames, merci pour les sentiments que je vous inspire ; j'en suis aussi fier que profondément touché... Mais, laissez-moi vous le dire, des patriotes telles que vous ne sont pas des femmes ; elles sont des hommes; or, entre hommes, on ne s'embrasse pas, on se tend la main.

Et c'est ainsi qu'il esquiva tant de tendresses qui répugnaient à sa nature délicate.

*
* *

Quelques journaux ont raconté une anecdote curieuse, qui ne sera pas déplacée dans ce recueil.

Pour être un instant ministre des affaires étrangères, Lamartine n'avait pas cessé d'être poète; aussi les minutes qu'il envoyait aux chefs de bureau étaient-elles souvent annotées de rimes, d'hémistiches, de vers tout entiers qui, comme on le pense bien, ne concernaient en rien les affaires publiques.

Une idée lui venait, et il la jetait sur le papier.

Un postulant arrivait, âpre à la curée, et il prenait note de son nom... Le tout entremêlé, sur la même feuille, à la queue-leu-leu.

Or, un jour, entre autres nominations, le *Moniteur* annonce celle du citoyen David au consulat de Brême.

Le futur diplomate avait oublié de laisser son prénom et son adresse ; mais, sans doute, il ne tarderait pas à venir réclamer, en personne, l'ampliation du décret.

Quinze jours se passent; nul ne se présente, et Brême, une *Anséatique*, reste sans consul.

On demande vainement un David à tous les échos; est-il mort?... l'a-t-on assassiné?

— Mais alors qu'il le dise! concluait agréablement le secrétaire général; David qui? David quoi?... Il paraît qu'il a été très chaudement recommandé; sans cela, il y a longtemps que nous en eussions nommé un autre.

Enfin, on en réfère au ministre.

Celui-ci se creuse la cervelle :

— David! David!... C'est singulier, je ne me rappelle plus du tout... Voyons la minute.

On apporte la feuille aux hiéroglyphes, Lamartine la parcourt des yeux... Tout à coup, il se frappe le front :

— Malheureux! dit-il au chef de bureau, qu'avez-vous fait? Le prophète, le grand roi David consul général à Brême!... je vous demande un peu!...

La lecture des Psaumes lui ayant inspiré la pensée de consacrer une de ses *Méditations* au père de Salomon, le poète avait tout simplement écrit ce nom, pour mémoire, au milieu de ceux de pétitionnaires plus vivants et qui ne remontaient pas précisément aussi haut dans l'histoire des siècles.

Le lendemain paraissait au *Moniteur* le décret suivant :

« Le citoyen Marchand est nommé consul de France à Brême, en remplacement du citoyen David, *appelé à d'autres fonctions.* »

Ces derniers mots du décret valent leur pesant d'or.

La ville de Brême ne s'est jamais doutée de l'honneur qui a failli lui arriver.

*
* *

Parfois, un adversaire politique lui demandait :

— Où est votre parti ?

— Là ! répondait-il.

Et il mettait la main sur son cœur.

* * *

C'était le 11 décembre 1848, c'est-à-dire le lendemain du jour où le prince Louis-Napoléon, élu président de la République, avait pris possession du palais de l'Elysée.

Le soir, mystérieusement, à la nuit tombante, il monte à cheval, et, accompagné de M. Duclerc, se dirige vers Saint-James, au bout du bois de Boulogne, où Lamartine, aussi philosophiquement descendu du trône populaire qu'il y était monté, venait de se retirer le plus loin possible des indiscrets et des clameurs parisiennes.

Le poète allait se reposer de l'homme politique.

— Je gage que vous ne devinerez pas où nous allons, dit le prince à son compagnon.

— A cette heure du berger, et le mystère aidant, reprend M. Duclerc avec un sourire, on peut supposer bien des choses.

— Nous allons, ou plutôt vous allez chez Lamartine, reprend le président, lequel ne savait trop à quels ministres se vouer, et voulait offrir un portefeuille à son compétiteur de la veille... Seulement, continua le prince, comme toutes mes démarches sont épiées et commentées ; comme, d'une part, il se pourrait que Lamartine ne fût que très médiocrement charmé de ma visite officielle, et que, de l'autre, si ma tentative échoue, je ne veux pas qu'elle s'ébruite, vous voudrez bien le prier de m'accorder une audience dans le bois.

M. Duclerc s'exécuta ; il trouva le poète au moment où ce dernier allait se mettre à table, et lui exprima le désir du prince.

Lamartine fit seller un cheval. Duclerc lui servait de guide. D'un temps de galop, ils furent sous un massif de sapins, dans une allée obscure et déserte, où le président attendait.

La présentation faite, Duclerc s'éloigna discrètement et s'en alla rôder aux environs.

Personne n'était descendu de cheval. Les deux puissances, l'une à son aurore, l'autre à son déclin, s'abordèrent par le grand salut classique, lequel consiste à faire décrire au chapeau un demi-cercle, de la tête au genou droit.

Lamartine lui-même nous a conservé les paroles textuelles du prince :

« — Monsieur, dit ce dernier, j'ai mon ministère à former ; je me suis adressé à tous les hommes que me recommandaient à la fois leur patriotisme et leur talent ; j'ai été malheureux partout, et, s'il faut vous le dire, je les ai trouvés au-dessous de leur réputation ; ce qui leur manque, c'est surtout l'énergie, l'intrépidité... je ne connais plus que vous qui ayez fait preuve de ces qualités et dont le concours me sera peut-être accordé, si je vous le demande... Voilà pourquoi vous me voyez ici. »

Lamartine refusa, mais sans amertume et cordialement, alléguant l'influence qu'il avait perdue et le peu d'utilité dont il serait au prince.

Et, comme le président témoignait une véritable affliction de ce refus :

— Voyez MM. de Tocqueville et Odilon Barrot, conseilla le poète; s'ils déclinent votre offre, eh bien! je me mettrai à votre disposition.

Ce fut tout.

Ils se serrèrent la main en se quittant.

Le lendemain matin, de très bonne heure, Louis-Napoléon fit savoir à M. de Lamartine « qu'il avait trouvé » et qu'il le dégageait de sa promesse.

*
* *

Encore une histoire touchante, presque naïve, racontée déjà, mais qu'importe! et qui prouve à quel point cet homme avait besoin de donner :

Lamartine partait; c'était vers la fin de l'année; il ne devait pas revenir de quelques mois... La caisse consultée, il avait à peine de quoi subvenir à ses frais de voyage et de séjour; encore faudrait-il qu'il comptât bien juste... Compter! lui, brouillé de tout temps avec les mathématiques, et qui, en multipliant deux par deux, n'avait jamais trouvé moins que dix!...

Dans cette conjoncture, au milieu des embarras du départ, harcelé par les importuns, la cervelle peuplée de travaux en germe ou en cours d'exécution, voulez-vous savoir quelle était sa préoccupation dominante?

Mme de Sévigné vous le donnerait en mille, et vous jetteriez votre langue aux chiens... Moi, je vais vous le dire tout de suite.

Il se disait que ses concierges étaient de braves gens; qu'il ne serait pas là, au jour de l'an, pour leur donner leurs étrennes; que ces choses-là perdent de leur prix, quand on y apporte du retard, et que, cependant, ses ressources immédiates ne lui permettaient pas de prendre l'avance.

Nous en connaissons beaucoup qui seraient partis, sans même se rappeler que le cordon ne se tirait pas tout seul.

Mais Lamartine n'était pas de ceux-là.

— Mme ***, dit-il en entrant dans la loge, je m'absente pour quelque temps; je suis très reconnaissant de vos bons services, et je voudrais vous le témoigner... Mais ma bourse est si peu garnie...

— Qu'à cela ne tienne, monsieur, répond la concierge; vous avez été si bon pour nous, que ce sera toujours nous qui vous redevrons.

— Je ne l'entends pas ainsi, reprend le poète; votre mari et vous, vous êtes vieux; je veux que vous ne manquiez de rien, et, surtout, que vous n'ayez pas de sujet de souci pendant mon absence... Donnez-moi une plume et du papier.

Et, là, sur le coin de la commode, il souscrivit deux billets, l'un de deux cents, l'autre de trois cents francs, à courte échéance.

— Prenez ceci, dit-il; je préviendrai mon homme d'affaires qui en tiendra bonne note.

La concierge voulait refuser, mais Lamartine ne lui en avait pas laissé le temps; il était déjà loin.

Ceci se passait dans la maison bien connue de la rue de la Ville-l'Évêque, aujourd'hui rue de Cambacérès.

Quelques mois après, Lamartine revient.

Le lendemain de ce retour, la concierge entre dans le cabinet du poète et lui remet les deux billets.

— Comment! s'écrie ce dernier, on ne les a pas payés?

— Comme vous ne nous les deviez pas, monsieur, reprit la brave femme, nous ne les avons pas présentés.

Et, déchirant les valeurs, elle les jeta dans la cheminée.

Lamartine ne fit aucune réflexion ; mais, sans compter qu'il trouva sans doute bien le moyen de leur faire accepter cinq cents francs sous une autre forme, à partir de ce jour il ne passait plus devant la loge de ces bonnes gens, sans s'y arrêter un moment et sans leur serrer la main.

*
* *

Lamartine était de l'Académie française depuis 1829. Il s'y était déjà présenté cinq ans auparavant, en remplacement de Lacretelle aîné, mais M. Droz l'avait naturellement emporté sur lui.

En effet, M. Droz d'une part, Lamartine de l'autre... l'hésitation n'était pas possible. Déjà, à cette époque, pour avoir quelque chance d'être élu, il était bon de ne pas être trop sérieusement un littérateur.

Supposons que Lamartine ne se fût mis sur les rangs qu'après 1848 ; — il est permis de croire que, comme Balzac, comme Jules Janin, il aurait été obligé de finir par se désister... Ce qui ne l'eût pas empêché d'être plus immortel qu'une bonne trentaine des Quarante.

Le fauteuil que Lamartine vient de laisser vacant, le n° 31, a été successivement occupé par Boissat, Furetière, Chapelle, l'abbé d'Olivet, Condillac, Tressan, Bailly, Colin-d'Harleville et le comte Daru.

Connaissez-vous Boissat?... Je trouve dans les dictionnaires biographiques que son père avait écrit l'*Histoire des Chevaliers de Saint-Jean de Jérusalem.* Fort bien! Mais était-ce donc assez pour que le fils fût nommé de l'Académie?

Furetière avait écrit le *Roman bourgeois* et travaillé au Dictionnaire de Trévoux.

Chapelle avait fait, avec Bachaumont, l'agréable *Voyage* que vous savez.

Tressan avait traduit le *Roland furieux.*

Colin-d'Harleville avait fait jouer *Monsieur de Crac*, le *Vieux Célibataire* et les *Châteaux en Espagne.*

Je ne dis trop rien ni du jésuite d'Olivet, qui a publié une excellente édition des œuvres complètes de Cicéron, — ni de Condillac, précepteur du duc de Parme et le chef des *sensualistes,* — ni de Daru, qui a traduit Horace, quoique comte... Mais, franchement, ce trente et unième fauteuil avait un peu besoin de Lamartine pour être véritablement illustré.

*
* *

Il y a à peine quelques semaines, lorsque M. Auguste Barbier, l'auteur des *Iambes,* se décida à se mettre sur les rangs pour l'Académie, il commença ses visites par le chalet de l'*avenue d'Eylau.*

Lamartine était dans son jardin; il émondait des arbutes.

On causa :

— Vous voudriez vous asseoir sur le fauteuil de

Viennet? demanda l'auteur de *Graziella* à l'auteur d'*Il Pianto*.

— Oui, monsieur.

— Eh bien, tenez, cher ami, vous avez tort, reprit Lamartine; un poète tel que vous ne peut remplacer qu'un poète... Viennet était assurément un homme de mérite dont je faisais grand cas... mais... mais ce n'est pas à lui que je voudrais vous voir succéder... Prenez patience, attendez un peu, et je vous léguerai mon fauteuil.

Ces messieurs accepteront-ils le legs? Je demande la permission d'en douter.

*
* *

La dernière fois que Lamartine alla au spectacle, ce fut au Gymnase, où il assista à la première représentation des *Idées de madame Aubray*... Il aimait et estimait beaucoup Dumas fils.

*
* *

Des parents au premier degré de M. de Lamartine, il ne reste plus qu'une de ses sœurs : Mme de Coppens-d'Honscott.

*
* *

Dumas père a consacré à Lamartine, dans le *Gaulois*, un article plein d'attendrissement et de cœur, dont voici la fin... Sa place était ici, ce me semble :

« Tu leur as donné ton âme : ils l'ont méconnue.

« Tu leur as donné ton corps : ils l'ont flagellé.

« Tu leur as donné la sueur sanglante de ta misère : ils l'ont insultée...

« Pour un jour de triomphe, les hommes t'ont fait « une agonie de dix ans... Tu as tendu la main comme

« Homère, n'ayant pas même un enfant qui la tendît « pour toi, et ceux que tu as sauvés de l'anarchie et du « pillage t'ont dit :

— « Tu as été six fois ministre; pourquoi ne t'es-tu « pas enrichi pendant que tu étais au pouvoir?...»

Pauvre grand homme! Il songeait bien à cela, lui qui nommait le roi David consul général à Brême!...

*
* *

M. Ratisbonne a publié les lignes suivantes dans les *Débats* :

« A l'heure où meurt Lamartine, il n'est pas inutile de dire qu'il aurait pu échapper à cette détresse... Le siége de président du Sénat, que la mort rend aujourd'hui vacant, ce siége qui laisse un vide plus facile à combler que le trône du poète, on le lui avait offert. — On eût doublé pour lui les émoluments, déjà si considérables, attachés à cette haute dignité ; et, plus tard, on lui fit offrir, sans lui demander cette fois d'être président du Sénat, de le dégager de sa dette... Son honneur avait reculé devant la dignité; sa délicatesse lui fit refuser aussi l'offre honorable. — Nous craindrions d'offenser la mémoire du poète, en le louant d'avoir préféré sa misère, puisqu'il le fallait pour rester pur... Dans un temps si fécond en palinodies intéressées, ce fait peu connu méritait pourtant d'être rappelé. »

*
* *

Lamartine avait quitté pour la dernière fois Saint-Point à la fin de 1868; il était venu s'installer, le 18 décembre, dans sa maison de Passy, dont la ville lui avait légué la jouissance, transmissible à sa femme et à sa nièce, Mme la comtesse Valentine de Cessiat-Lamartine, chanoinesse de Bavière.

Le lundi 22 février 1869, six jours avant sa mort, le poète se disposait à aller faire une promenade avec sa nièce et M. Desplaces, un de ses bons amis.

Au moment de descendre l'escalier, il se sentit pris de faiblesse.

On rentra.

Un mieux s'étant produit, le malade persista à vouloir sortir; il alla à Paris faire une visite à M. de Rambuteau; puis il rentra après un tour au bois.

A cinq heures, suivant sa coutume, il était couché.

— Souffrez-vous encore? lui demanda Mme de Cessiat.

— Très peu, répondit-il; ce n'est qu'une légère indisposition.

Cependant, le lendemain, il dut garder la chambre.

On manda M. Grob, médecin hongrois qui l'a soigné avec beaucoup de cœur. Le docteur Clavel, en qui Mme de Lamartine avait une grande confiance, accourut aussi.

Ces messieurs augurèrent mal de l'état du malade.

Le mercredi, ils conçurent des inquiétudes plus sérieuses.

Le jeudi, le mal avait encore progressé.

Le vendredi soir, Lamartine fut pris d'engourdissement et d'un invincible sommeil; Mme Adam Salomon, la femme du sculpteur, étant venue le soir, il ne put que lui serrer la main.

Déjà, depuis quelque temps, Mme de Cessiat s'était fait dresser un lit dans la chambre de son oncle.

Le samedi matin, les médecins déclarèrent que la situation était désespérée.

Lamartine avait fréquemment répété que, en cas de maladie sérieuse, il voulait qu'on appelât M. l'abbé de Guerry, curé de la Madeleine. — Déjà, l'an dernier, à Saint-Point, s'exagérant son état, il s'était confessé à l'humble curé du village.

M. l'abbé de Guerry se présenta vers deux heures; il administra le malade, en présence de deux amis, MM. Valette et Desplaces, et de tous les domestiques de la maison. Le moribond suivait en chrétien les pieux exercices; ne pouvant plus le faire de vive voix, il répondait aux paroles du prêtre de la physionomie et du sourire. Sa figure était radieuse et comme transfigurée.

Le dimanche...

Appelée par le télégraphe, toute la famille était accourue : Mmes de Pierreclos et de Belleroche, la comtesse de Sennevie, dont le mari est consul général à Milan, la baronne de Bier, Mme de Montherot et son fils...

Une autre nièce de Lamartine, Mlle de Légonay, sœur de Saint-Vincent de Paule, était là aussi et priait.

Au pied du lit, MM. de Peyronnet, Edmond Texier, Chamboran, Desplaces et Adam Salomon ; puis Jean, Franck et Louise, trois vieux serviteurs de la maison.

Sur la poitrine du mourant, un petit crucifix, en bois noir, qu'il emportait partout dans sa poche.

Mme la chanoinesse de Cessiat lui tenait la main ; il avait doucement posé la tête sur l'épaule de sa nièce, réalisant ainsi un désir vingt fois exprimé : « Mourir sur le cœur de celle qu'il avait tant aimée. »

C'est à elle que, le jour où les Chambres votèrent une pension à ses créanciers plutôt qu'à lui-même, Lamartine avait dit :

— Quand on a des dettes, on doit tout accepter et tout souffrir ; mais retiens bien ceci, ma bonne Valentine, c'est comme si la France m'avait tiré un coup de pistolet dans le cœur !

En effet, à dater de ce jour, il s'était assombri et avait décliné.

A dix heures du soir, l'oppression augmente. Lamartine voit, il entend, il comprend encore; son bon et doux regard reflète la reconnaissance dont il est pénétré à l'égard de ceux qui l'entourent.

Et ce drame poignant et muet, ce départ pour le ciel de l'une des plus pures et des plus éclatantes illustrations de ce siècle; ces femmes, ces amis, ces domestiques, ces prières, ces larmes, tout cela dans une maisonnette à l'écart, sous d'humbles lambris, dans une modeste chambre peuplée surtout d'ombres et de souvenirs...

Mais tout s'anoblit au contact des élus de Dieu... Désormais cette chambre est un temple; elle appartient à la postérité; nous n'avons pas le droit d'en céler les moindres détails... Elle donne sur le jardin, au premier étage; on y arrive par un corridor décoré du buste d'Aimé Martin. En face de la porte, une fenêtre tournée au midi; les rideaux en reps Bismark ; — à côté, une armoire à glace en bois de rose, avec écussons en faïence. — Sur le marbre blanc de la cheminée, une simple pendule-borne en marbre brun; la glace encadrée de deux miniatures : la mère du mourant, et une Vierge, relique précieuse, venue autrefois d'Italie. — Près d'une autre fenêtre, ouvrant sur le nord, le portrait de Mme de Lamartine, la femme du poète ; — au pied du lit, le portrait de sa fille, de sa Julia, morte en Orient, qu'il a tant et si adorablement chantée ; — au-dessus, un paysage à l'aquarelle, fait et offert par le comte de Maistre, et un second portrait d'Aimé Martin. — Enfin, le long du mur, entre la fenêtre et la porte, le lit, également en bois de rose, à médaillons de faïence, et à colonnes autour desquelles s'enroulent les maigres plis d'une tenture pareille aux rideaux ; — les médaillons de l'armoire et du lit peints par Mme de Lamartine.

C'est là que s'est éteinte cette trinité en une personne : le grand poète, le grand historien, le grand orateur.

Le 28 février, à trois heures, le journal le *Siècle* recevait une dépêche ainsi conçue :

« Dimanche, chalet du bois de Boulogne.

« M. de Lamartine est au plus mal; il ne reste plus « aucun espoir. »

Cette dépêche était signée par Edmond Texier, un bon, un sincère admirateur du poète, et le fidèle courtisan de toutes ses mauvaises fortunes.

Coïncidence remarquable, Lamartine expirait à dix heures trente-cinq minutes du soir, vingt et un ans, jour pour jour, après celui où, du haut de l'escalier de l'Hôtel-de-Ville, il avait sauvé la France du drapeau rouge et de l'anarchie.

Sa mort a été sans secousse, comme le commencement d'un sommeil ; l'âme est remontée là-haut dans un souffle.

Sur le lit, on avait répandu des fleurs apportées par de pieux voisins.

*
* *

Le mercredi 3 mars, de grand matin, dans la petite maison de l'avenue d'Eylau, on a procédé à la mise au cercueil du corps de Lamartine.

A ces préliminaires des obsèques assistaient toute la famille de l'illustre défunt et de nombreux amis : MM. de Ronchaud, de Chamboran, de Montherot, et M. de Châteaurenaud, qui, à la nouvelle de la mort de Lamartine, avait fait deux cents lieues pour venir lui rendre les derniers devoirs.

MM. de Chamboran et de Châteaurenaud sont les deux amis qui, le 15 mai 1848, à la sortie de l'Assemblée, arrachèrent Lamartine des mains du peuple.

Le corps a été enfermé dans un triple cercueil de chêne, de plomb et de sapin.

A l'extérieur, ce simple mot :

LAMARTINE.

Mme de Cessiat avait mis elle-même sous la tête du poète, sous cette belle tête souriante encore, un oreiller de dentelles; puis elle avait semé autour de lui des camélias, sa fleur préférée.

Les journaux ont appris à toute la France, et sans

doute au monde entier, que M. Adam Salomon avait moulé son masque.

A onze heures, on venait de descendre le triple cercueil dans un petit salon de passage, lorsque arriva le R. P. Hyacinthe. Il venait, à la hâte, trop tard comme ami, mais encore à temps pour prononcer, comme prêtre, la courte oraison funèbre que voici :

« Je crois interpréter les sentiments de tous en élevant une prière auprès de ce cercueil. Toutes les grandeurs s'inclinent, toutes les douleurs se recueillent devant la mort, et il ne reste plus que l'âme en présence de son juge et de son père.

« Aussi, tandis qu'au dehors la France pleure le grand poète, le grand orateur, le grand citoyen, nous ne nous souvenons ici que du chrétien, Oui, le chrétien! parce qu'il est resté tel à travers les défaillances de l'homme et au sein des enivrements du génie; oui, le chrétien! parce qu'il fut le fils de sa mère et qu'il avait puisé sur ses genoux et dans ce qu'il a nommé lui-même « le saint lait de son âme, » plus encore que dans son propre génie, ces accents inimitables dans lesquels il a célébré l'âme et Dieu.

« Suivons-le donc, en ce moment, devant la justice du juge et devant la miséricorde du père, et redisons ensemble ce psaume de la mort, tout rempli de pardon et d'espérance, ou plutôt de certitude dans l'amour et dans la foi :

« *De profundis!* »

*
* *

Un décret impérial avait prescrit que les obsèques de M. de Lamartine seraient célébrées aux frais de l'État; mais, plus souveraine encore, la dernière et expresse volonté du poète avait été que sa dépouille mortelle traversât Paris sans pompe, sans cortége, sans rien, pour être directement transférée à Saint-Point.

C'est là qu'étaient tous ses bons et pieux souvenirs.

Voilà le banc rustique où s'asseyait mon père,
La salle où résonnait sa voix mâle et sévère,
Quand les pasteurs, assis sur leurs blocs renversés,
Lui comptaient les sillons par chaque heure tracés.

. . . .

Voilà la place vide où ma mère, à toute heure,
Au plus léger soupir sortait de sa demeure,
Et, nous faisant porter ou la laine ou le pain,
Revêtait l'indigence ou nourrissait la faim.
Voilà les toits de chaume où sa main attentive
Versait sur la blessure ou le miel ou l'olive,
Ouvrait, près du chevet des vieillards expirants,
Ce livre où l'espérance est permise aux mourants,
Recueillait leurs soupirs sur leur bouche oppressée,
Faisait tourner vers Dieu leur dernière pensée,
Et, tenant par la main les plus jeunes de nous,
A la veuve, à l'enfant qui tombaient à genoux,
Disait, en essuyant les pleurs de leur paupière :
« Je vous donne un peu d'or, donnez-leur la prière. »

Nous disions tout à l'heure que la « dernière » volonté de Lamartine avait été d'être enterré à Saint-Point. Nous pouvons ajouter que telle avait été la volonté immuable de toute sa vie.

Les vers suivants ne sont-ils pas dans toutes les mémoires?

Un jour, élevez-moi... Non, ne m'élevez rien!
Mais, près des lieux où dort l'humble espoir du chrétien,
Creusez-moi dans ces champs la couche que j'envie,
Et ce dernier sillon où germe une autre vie;
Etendez sur ma tête un lit d'herbes des champs
Que l'agneau du hameau broute encore au printemps,
Où l'oiseau, dont mes sœurs ont peuplé ces asiles,
Vienne aimer et chanter durant mes nuits tranquilles.
Là, pour marquer la place où vous m'allez coucher,
Roulez de la montagne un fragment de rocher;
Que nul ciseau surtout ne le taille et n'efface
La mousse des vieux jours qui brunit sa surface.

. . . .

Là, ma cendre mêlée à la terre qui m'aime,
Retrouvera la vie avant mon esprit même,
Verdira dans les prés, fleurira dans les fleurs,
Boira des nuits d'été les parfums et les pleurs!
Et, quand du jour sans soir la première étincelle
Viendra m'y réveiller pour l'aurore éternelle,
En ouvrant mes regards je reverrai les lieux
Adorés de mon cœur et connus de mes yeux.

Le corps, enlevé et mis dans un fourgon des pompes funèbres, fut donc dirigé vers le chemin de fer de Lyon.

Pendant ce temps, M. Glais-Bizoin arrivait, mais trop tard, au chalet de l'avenue d'Eylau... Toutefois, il montait dans la chambre mortuaire, où il ramassait quelques fleurs laissées là par le hasard et qu'il emportait précieusement.

A la gare, quelques personnes encore, mais bien peu selon nous, sont venues saluer une dernière fois Lamartine.

C'étaient MM. Henri Martin, Garnier-Pagès, Ratisbonne, Jules Labbé, Emile Augier, Guyard, qui, tous les ans, le 28 février, allaient faire une visite au grand citoyen, en souvenir des événements que rappelle cette date.

Là étaient aussi MM. H. de Pène, Poulet, de Ronchaud, Châteaurenaud, H. Nazet, E. d'Herbinville, Léon Guillet et quelques autres.

M. Auguste Guyard, ancien rédacteur en chef du *Bon Sens*, dépose sur le cercueil, à la gare, une couronne d'immortelles.

Partent seuls avec le corps : M. de Montherot, qui devait conduire le deuil à Saint-Point ; M. de Ronchaud et M. de Chamboran, lequel a accompagné Lamartine dans son voyage en Orient.

Edmond Texier et M. de Laprade étaient partis à l'avance pour donner des ordres, et, si simple qu'elle dût être, organiser la cérémonie funèbre.

A trois heures cinq minutes, on entend un coup de sifflet; les employés, les aiguilleurs, les ouvriers se découvrent... et le convoi cingle vers Mâcon, emportant la dépouille mortelle de celui qui fut Lamartine.

*
* *

Le cercueil devait traverser Mâcon sans s'y arrêter, mais les Mâconnais avaient si instamment imploré la faveur de faire célébrer une messe, au passage, que la famille ne s'était pas senti le courage de s'y refuser.

Arrivée dans la nuit, la bière avait dû rester en dépôt à la gare jusqu'au matin.

A sept heures, le jeudi 4 mars, en présence d'une foule considérable, accourue de tous les points de la ville, on fit la levée du corps qui, porté à bras par douze hommes, fut déposé dans une chapelle ardente de l'église Saint-Vincent.

Cette église, la principale mais non la plus belle de Mâcon, touche à la maison où est né Lamartine.

La foule est telle que, malgré le froid et la neige qui craque sous les pieds, une grande partie de la population en est réduite à stationner sur la place d'Armes.

On a beau avoir décliné toute espèce d'honneurs, le défunt était un homme si considérable, si universellement admiré, que les honneurs viennent à lui quand même et comme forcément. Ainsi, M. Marlière, le préfet de l'Ain, et M. Grenier, le général commandant le département, étaient allés le recevoir à la gare.

Un détachement de vingt-cinq hommes, tambour voilé, signalait le chevalier de la Légion d'honneur.

Lamartine simple chevalier!... cela paraît drôle, n'est-ce pas?

On a célébré une messe très simple, mais plus touchante par cela même.

Autour du chœur, une pauvre tenture relevée d'argent rougi par le temps. Au milieu de la nef, le catafalque en bois peint et sans draperies. Le cercueil est là : il est recouvert d'un drap noir semé d'étoiles. On a déposé, à la tête, une couronne d'immortelles; aux pieds, une couronne de camélias blancs et de violettes.

Est-ce l'imagination? est-ce parce qu'il est triple? Ce cercueil paraît énorme.

M. Léon Dommartin a très heureusement rappelé à ce sujet, dans le *Gaulois*, le cercueil que demandait Henri Heine, cet autre poète illustre :

« Allez me chercher un grand cercueil ; j'y mettrai bien des choses !... et amenez-moi douze géants pour le transporter... Savez-vous pourquoi il faut que ce cercueil soit si grand et si lourd?... J'y déposerai en même temps mon amour et mes souffrances. »

L'absoute dite, les mêmes douze hommes en blouse replacent la bière dans le corbillard, et le cortége se dirige vers le faubourg de la Barre.

Il est alors huit heures et demie ; le soleil vient de se montrer ; l'affluence va croissant, toute la ville est dans la rue ou aux fenêtres. On suit à pied jusqu'à la barrière de la Barre, où commence la route de Saint-Point.

Là, des voitures attendaient ; quelqu'un les a comptées : il y en avait trente-deux... Restaient environ cinq lieues à parcourir par un chemin qui serpente à travers les vignobles.

A chaque clocher, les pompiers rangés sur deux lignes, et le clergé des paroisses bénissant le convoi. Les braves vignerons, tête nue, grossissent le cortége ; bien des larmes coulent sur ces figures basanées, non pas de ces larmes d'argent tarifées par les pompes funèbres, mais de vraies larmes mouillées qui éclatent du cœur en même temps que des yeux.

Là-bas, à gauche, cette maison un peu plus haute que les autres, et entourée de quelques sapins, c'est Milly.

Le poète y a été élevé par sa mère ; vous savez comment :

« Ma mère avait une Bible de Royaumont, dans laquelle elle m'enseignait à lire. Cette Bible avait des gravures de sujets sacrés à toutes les pages. C'était Sara, c'était Tobie et son ange, c'était Joseph ou Samuel, c'étaient surtout ces belles scènes patriarcales, où la nature primitive de l'Orient était mêlée à tous les actes de cette vie simple et merveilleuse des premiers hommes.

« Quand j'avais bien récité ma leçon et lu à peu près sans faute la demi-page de l'histoire sainte, ma mère découvrait la gravure, et, tenant le livre ouvert sur ses genoux, me la faisait contempler en me l'expliquant, pour ma récompense. »

Il faut aujourd'hui aux enfants des rémunérations plus... comment dirai-je? plus positives, qui leur permettent au moins de s'offrir quelque chose, ne fût-ce qu'un cigare.

Milly avait été le séjour préféré du poète, mais il ne lui appartenait plus. C'est un hameau échelonné sur une côte ; le clocher se dresse tout en haut, puis les toits dégringolent au hasard, selon les accidents du terrain.

Ici la route tourne brusquement ; on descend; voilà Saint-Point.

Tout le village est rassemblé. Les malades eux-mêmes, traînés ou portés, ont voulu être là. Le clergé vient recevoir le corps à la porte de la maison.

Ce second service a été aussi simple que le premier.

MM. Jules Sandeau, en tenue officielle d'académicien, Alexandre Dumas fils, Louis Ulbach, Emile Ollivier, et quatre ou cinq représentants de la presse parisienne étaient venus se joindre aux personnes déjà nommées.

Pas un discours n'a été prononcé.

C'était encore là une des dernières volontés du défunt; cependant on avait un instant espéré qu'elle serait enfreinte.

Mais quelle oraison funèbre aurait valu le mot que voici :

— Oh! monsieur, disait un paysan de Saint-Point à l'un des amis de la famille, venu de Paris, c'était un homme qui faisait bien de l'honneur à la commune!

Alors la foule s'est écoulée peu à peu, les voitures sont parties l'une après l'autre, les dernières rumeurs se sont éteintes, et le silence profond, un silence de « mort, » a régné partout.

Une religieuse était restée seule dans le caveau et priait.

La chapelle ogivale, sous laquelle repose Lamartine, est aux trois quarts enclavée dans le parc de Saint-Point. Elle contient six cercueils superposés deux par deux et se touchant.

À droite, le père et la mère du poète.

A gauche, Julia sa fille, et une Anglaise morte au service de la famille.

Au centre, le cercueil qu'on venait de descendre, et celui de Mme de Lamartine dont on voit, au fond du monument, la statue couchée.

A mon sens, ce furent là de grandes funérailles, et non celles qu'on célèbre pompeusement à la Madeleine ou à Notre-Dame.

⁂

Au mois de mai 1863, à la mort de Mme de Lamartine, le gouvernement avait aussi voulu lui décréter des funérailles nationales.

Le poète refusa.

— Elle qui a toujours tant aimé à se cacher, dit-il, tout ce bruit l'effraierait.

Cette vallée de Saint-Point avait contenu toutes ses joies et toutes ses tristesses : elle l'avait vue arriver rayonnante après le mariage, — heureuse, après les grands triomphes oratoires, — fière, après la grande défaite de 1848, — résignée, après les désastres de fortune qui menaçaient ce toit béni... Mme de Lamartine y avait fondé une école, que, le plus souvent, elle dirigeait elle-même ; chaque famille y était comme un fragment de la sienne... N'était-ce pas aussi là qu'elle devait dormir du dernier sommeil ?

Elle était fille d'un major général de l'armée anglaise dans l'Inde, le major Birch, allié à l'illustre famille des Churchill.

C'était la charité, la modestie, la charité en personne; ses largesses étaient aussi inépuisables que sa bonté.

Songez donc : deux cœurs et quatre mains pour donner sans cesse ! quelle fortune résisterait à cela ?

Et à Paris comme à Saint-Point, comme à Milly, comme à Monceau.

Il y avait une Mme Dumont, bien connue dans les pauvres faubourgs de la capitale... Que de jeunes filles séduites elle avait fait rentrer dans le droit chemin ! que de vieillards dont elle était la sœur charitable, d'enfants dont elle était la mère et qu'elle secourait !...

Par un triste jour, on ne la vit plus... Mme Dumon venait de mourir en même temps que Mme de Lamarttine.

*
* *

L'*Unité*, ce blason de Deiu,
A dit quelque part Lamartine.

Pour ceux qui, de ces petites choses, font de grandes affaires, le poète portait de *gueules fascé d'or, au trèfle du même en abîme*. Les Lamartine étaient entrés de droit aux États généraux de Bourgogne, dans l'ordre de la noblesse.

Il n'a dû cela qu'au hasard.

Mais il figurera aussi dans le grand livre héraldique où l'histoire burine le nom des hommes de génie.

Et ce privilége, plus rare, il ne le devra qu'à lui-même.

FIN

9789. - Typographie ALCAN-LÉVY, boulevard de Clichy, 62

BIBLIOTHEQUE NATIONALE DE FRANCE
3 7502 00987799 6

www.ingramcontent.com/pod-product-compliance
Lightning Source LLC
LaVergne TN
LVHW020447230826
846091LV00004B/1577
9782016129432